AF357948

SOLFÈGE
d'Italie

NOUVELLE ÉDITION

Leçons dans toutes les Clés d'UT,
dans toutes les clés de FA
et en changements de clés.

PARIS,

IKELMER FRÈRES, ÉDITEURS,

23, Rue Neuve des Mathurins.

1879

SOLFÉGE D'ITALIE

CLEF D'UT SUR LA PREMIÈRE LIGNE.

2

Segue

Allegro.
N.º 2.
tr

8
All.^ ma non troppo.
HASSE
N.º 5.

Allegretto.

N.º 4.

Moderato.
SCARLATI.
N.° 5.
I.

Un poco Lento.
HASSE.
N.º 6.

Andante
LEO.
N.º 7.

Segue
Allegretto.
N.º 8.

Moderato.
SCARLATI.
N.º 9.
tr
I. F. 5194.

MAZZONI.
Andante.
N.º 10.

18
J.F.

Allegro.
Nº 11.
tr
tr
tr

CLEF D'UT SUR LA DEUXIÈME LIGNE.
UT RE MI FA SOL LA SI UT RE MI FA SOL FA MI RE UT
SI LA SOL
RE UT RE RE UT SI LA SOL RE
Allegretto.
HASSE.
N.º 12.

Allegro.
LEO.
Nº 13.

24
CLEF D'UT SUR LA TROISIÈME LIGNE.
UT RE MI FA SOL LA SI UT UT SI LA SOL FA MI RE
UT SI LA SOL FA MI RE UT &c.
Largo.
MAZZONI.
N° 14.

Allegro.
Nº 15.

Andantino.

N.º 16.

Allegro.
Nº 17.

tr
Cantabile.
LEO.
N° 18.
F. 5194.

tr
6
4
+4
6
6
5
7
7
6
5
6
7
7
tr
tr
6
6
4
6
5
6
+6
6
Allegro.
3
3
6
4
3
++
++
6
7
6
7
Nº 19.
3
6
++
5
7

N.º 20.

Allegro.

MAZZONI

CLEF D'UT SUR LA QUATRIÈME LIGNE.
ut si la sol fa mi ré ut sol la si ut ré mi fa
sol fa sol etc.
Allegro.
HASSE
N.° 21.

38
FIN.
LEO.
Allegro.
N.º 22.

HASSE.
Allegro.
N.º 23.

Andantino.

Allegro

Da Capo.

DURANTE

N.º 24.

Allegro

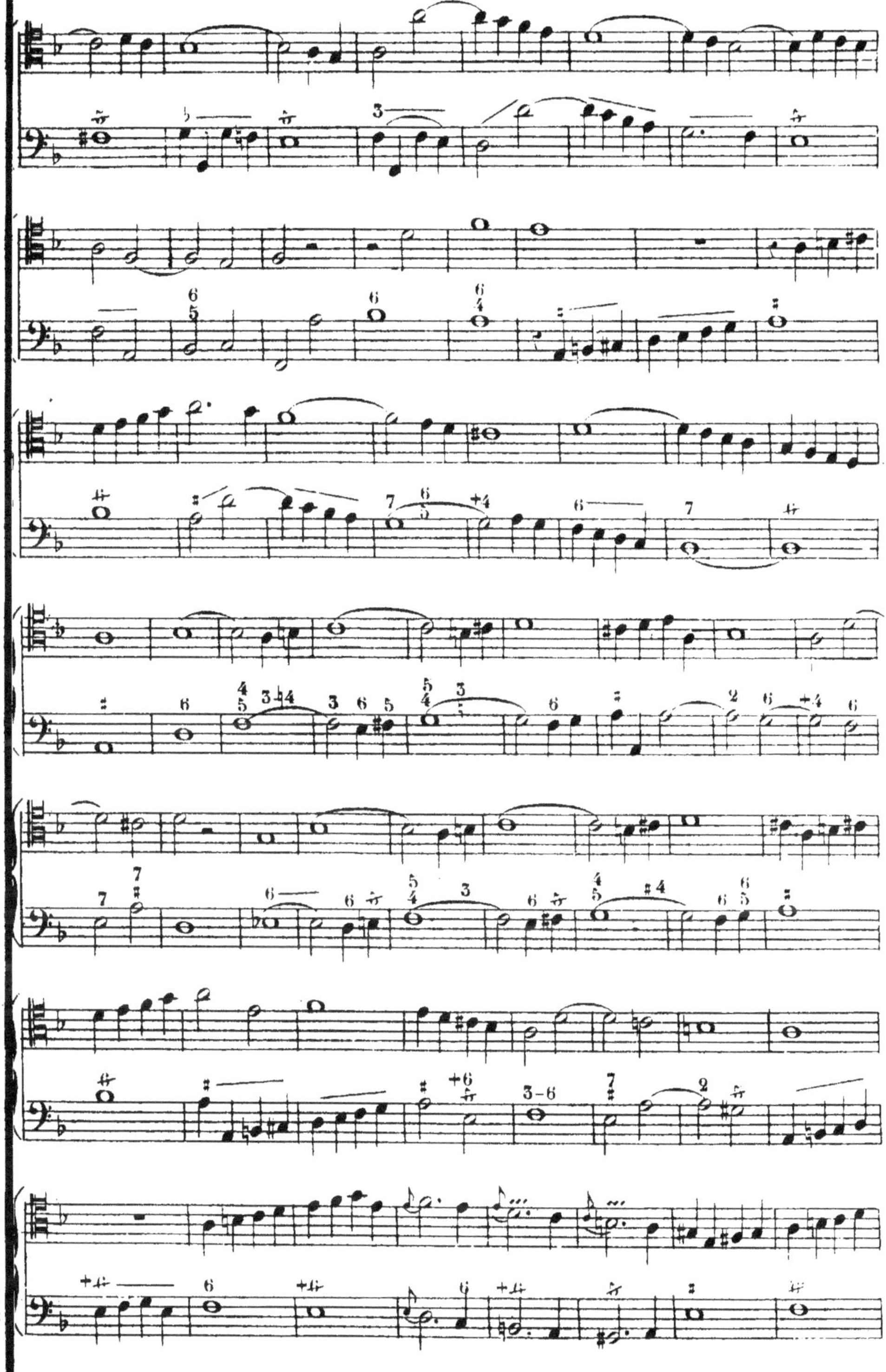

3
6 5
6
6 4
7 6 5 +4
6
7
4 5 3 ♮4 3 6 5
5 4 3
6
2 6 +4 6
7
7
6
6
5 4 3
6
4 5 ♯4
6
6 5
+6
3-6
7
2
+4
6
+4
6

44
Largo.
LEO.
N.º 25.

Allegro.
N.º 26.

Andante.

HASSE.

N.º 27.

CLEF DE FA SUR LA TROISIÈME LIGNE.
FA SOL LA SI DO RE MI FA MI RE DO SI LA SOL
FA MI RE DO SI LA SOL
Allegretto.
HASSE.
N.º 28.

Cantabile.
N.° 29.
LEO.

Largo.
LEO.
N.º 30.

Seguo.

Allegro.

N.º 31.

Grazioso.
LEO.
Nº 32.

Segue.

Allegro.
N.º 33.

Cantabile.
LEO.
N. 34.

CLEF DE **FA** SUR LA QUATRIÈME LIGNE.

62
FIN
dal Segno.
DURANTE.
Allegro.
Nº 36.

64

Allo. assai.
HASSE.
No. 38

FIN.
D.C.

68
Allegro.
HASSE.
N: 39
5 — 3 6   7/5   6   6/4 5/3
+H — 3 — 3   6/4 #3   7 6/#4 #3 6/4 #   6 — 6/5 5/5
6/5 5/5   5 — 6/5 5/5   #   7/# 6/4 7/#   6/4   7/# 6/4 7/#
6/5 #   5 — 3 6   7/5   6 —
3 — +6 — 3   6/1 3   7/#   #   #7
7   +6   7   6   7
6/5   6/#   7   6/4   3 —

Allegro.
LEO.
N.º 40

LEÇONS en DIVERSES CLEFS
MESURE A 2 TEMPS ET SES COMPOSÉES

Allegretto. HASSE.

N° 41.

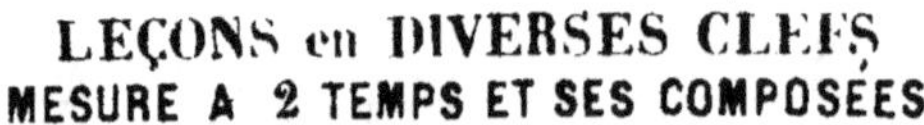

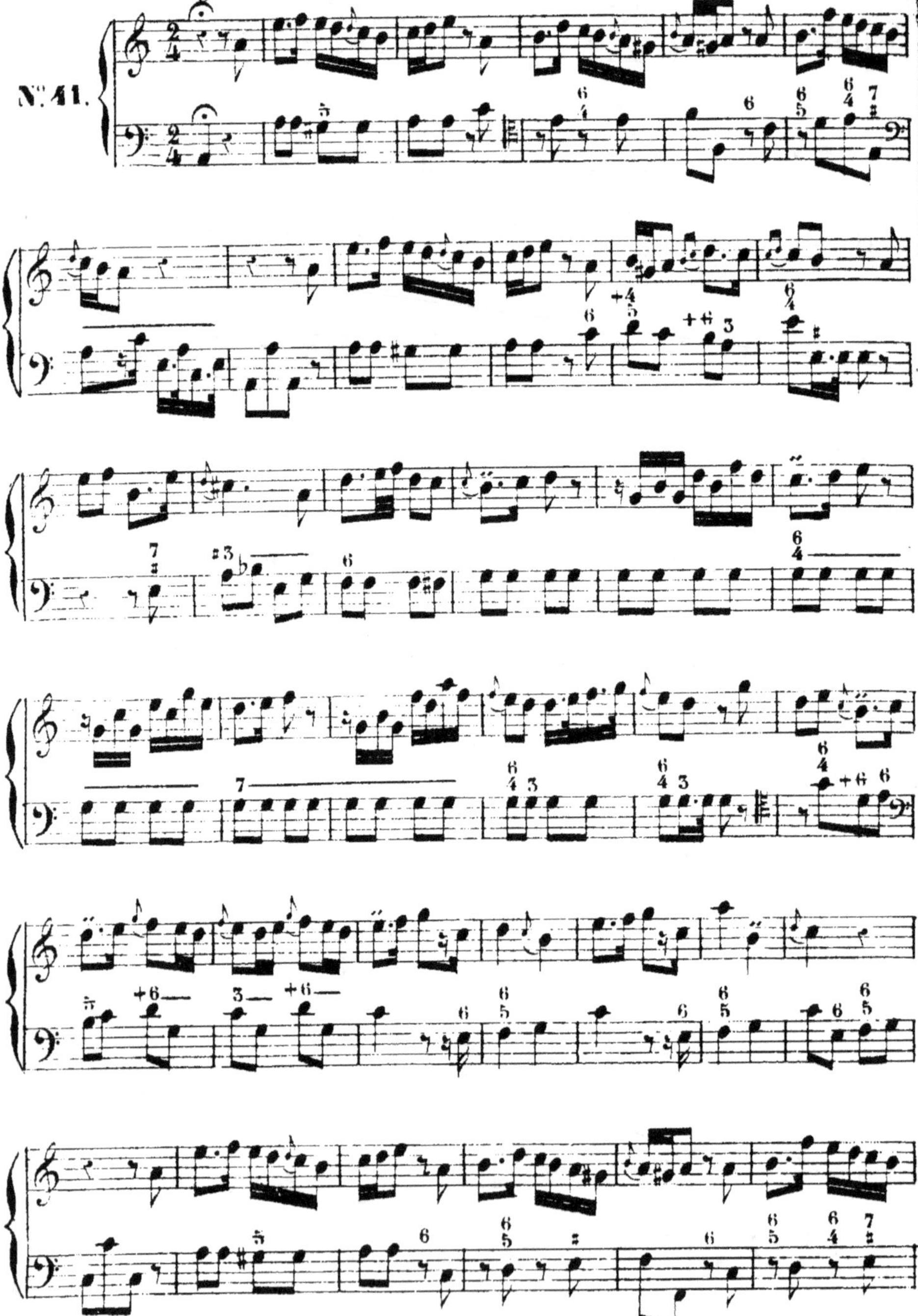

Andante
HASSE.
Nº 42

tr
tr
tr
tr
Allegro.
DURANTE
N° 43

Allº non troppo.
POR.
Nº 44

D.C.
Andante.
POR.
N.º 45

MESURE A 3 TEMPS ET SES COMPOSÉES.
Allegretto.
MAZ.
N.º 46.

Larghetto.
SCAR.
N.° 47.

Allegro.
N. 18.

Tasto Solo.

Andante.

N.º 49.

Vivace.
N.º 50.

Andante.
DUR.
N.º 51.

Allegretto.
HASSE.
N. 52.
FIN.
tr
LEÇONS AVEC CHANGEMENT DE CLEFS.
Cantabile.
N. 53.

Segue.
Andantino.
N.º 54.

Segue.

Allegro.

N.º 55.

94
Tempo giusto.
CAFFARO.
N.º 56.

Paris Imp: MICHELET et Cie Fg. St Denis 5153